CARABOBO

CANTO

POR

D. FERNANDO MORALES

CON ESTUDIO CRÍTICO

POR

D. MARCO A. SALUZZO

Correspondiente de la Real Academia Española y de número
de la Venezolana

CARACAS

1888

In the interest of creating a more extensive selection of rare historical book reprints, we have chosen to reproduce this title even though it may possibly have occasional imperfections such as missing and blurred pages, missing text, poor pictures, markings, dark backgrounds and other reproduction issues beyond our control. Because this work is culturally important, we have made it available as a part of our commitment to protecting, preserving and promoting the world's literature. Thank you for your understanding.

El General
J. A. PAEZ
84 años de edad

~~F 307
.2
M59~~ Cross ref.

FRAGMENTOS
DE UN JUICIO

En Carabobo se consolida la independencia de Colombia, y nuestros libertadores pueden patrocinar las victorias de sus hermanos en las dilatadas regiones del Potosí y del Plata.

Todo concurre, pues, al realce de aquella trascendental jornada; y siendo así, la poesía, unción sagrada del heroísmo, no podía negarle su canto divino, augurio siempre de perdurable gloria.

Entre el festivo estrépito con que celebran casi todos los hijos de América el primer centenario del Caudillo de su independencia, un alumno de las musas, familiarizado con aquel lenguaje que inmortaliza las hazañas de los héroes, evoca los sagrados recuerdos del patriotismo, y empuñando la trompa de la epopeya, envía á los días venturos de la historia un canto que resuena en les regiones de la inmortalidad, como la voz piadosa de la filial gratitud, en homenaje á las inmarcesibles virtudes de sus ilustres progenitores.

Bolívar, como el Júpiter Olímpico de la Ilíada, sigue con mirada divina las banderas de la República; y cuando todos las ven oscurecidas por el humo y el polvo del combate, sólo él las contempla cercadas por la vivísima luz de la victoria.

Tal es la exposición del canto.

El arte ha presidido el plan del poeta en lo que mira á la armonía del cuadro, que se desenvuelve con la natural gradación de todo asunto inspirado por la verdad y animado por la belleza.

En las arengas de Bolívar y la Torre sobresale el poeta por la raza de las ideas á la par que por la fidelidad y energía de la expresión. Los dos campeones, (perdónese el paralelismo en gracia de la crítica,) los dos campeones representan, respectivamente, dos mundos, dos órdenes de ideas, dos aspiraciones distintas:—el mundo de los reyes que se hunde en la noche del feticismo, y el mundo de los pueblos que surge en el oriente de la historia: la idea de la tiranía y la idea de la libertad: la aspiración cesárea y la aspiración de la República. El *ayer* y el *mañana* de la humanidad. Por eso la arenga de La Torre abunda en tradicionales recuerdos, en heráldicas imágenes; al paso que la de Bolívar bulle en patrióticas esperanzas, en heroísmo individual.

Así debieron hablar el lugar-teniente de los reyes y el representante de los pueblos.

Trábase el combate con tan insólita rudeza, como si genios infernales estimulasen el odio de los combatientes con el recuerdo de los épicos días de la conquista.

¿ Quién es aquel centauro que, ebrio de valor se bebe los vientos, y cuya lanza, como la de los héroes de los cantos polacos, brilla cual llama de resplandor siniestro ?

>—"A los rayos del sol relampaguea,
>"Realce dando á su talante augusto,
>"Su garzota lustrosa, y purpurea.
>"De faz ingenua, relevado el busto,
>"Cual si fuese otro molde su librea,
>"Cabalga en ágil alazán venusto,
>"Que al estímulo va del acicate,
>"Allegándolo al sitio del combate."

Termina el señor Morales su hermoso *Canto*, con un

espléndido cuanto merecido elogio de PÁEZ, en cuya frente puso BOLÍVAR victoriosa corona de laureles sin que los suyos propios hubieran detrimento.

¡Bien haya el recuerdo de la gloria legítima que fraterniza con todo lo grande; cuando en este bajo mundo anda por dondequiera la ruin envidia entristecida por los agenos triunfos!

Y ya que hemos dado merecido tributo de alabanza al inspirado cantor de "*La Acción de Carabobo,*" en lo que mira á su numen poético, permítasenos también dar respetuosa opinión acerca de su estilo.

Si alguna duda abrigásemos respecto del movimiento progresivo de los idiomas y de sus filosóficas transformaciones, el estilo poético del señor Morales, por lo regular castizo, nos haría afirmar en la para nosotros casi dogmática creencia, de que en aquellos, como en la humana naturaleza, concurren dos órdenes de fenómenos, referentes los unos á su *psicología,* ó sea á su *gramática,* y á su *fisiología,* ó sea á su *vocabulario* los otros. Los primeros son inmutables como el alma, aunque pueden modificarse por la vida objetiva, por la educación; al paso que los segundos como la vida orgánica, se afectan con las formas que forzosamente les comunican las circunstancias y los fenómenos concurrentes en los medios de su existencia.

Los idiomas son como los grandes lagos: quitad la evaporación que en ellos verifica la acción solar y que los depura sin empobrecerlos: la caudalosa afluencia de las vertientes que renuevan sus aguas sin hacerlos desbordar; la acción de los vientos que las remueve sin enturbiarlas; y serían á poco estanques infecundos que se convertirían en estériles yermos.

Estudiamos el genio, la índole de nuestro idioma en los grandes escritores de los siglos XVI, XVII y XVIII; pero, ¿quién daría hoy á sus escritos el corte de las frases de aquellos admirables ingenios? Para las lenguas, como para todo lo que constituye la civilización de un pueblo, no transcurren en vano los años y los siglos; por eso media tanta distancia entre los buenos escritores contemporáneos y los del siglo de oro de nuestra literatura. Y si éstos reapareciesen en la arena literaria, no hablarían, de seguro, como lo hicieran en sus días, sino vaciarían sus frases en la turquesa de las de Alcalá Galiano, Donoso Cortés, Cañete, Guerra y Orbe, Tamayo y Baus, Bello, Ramos, Toro, Baralt y tantos otros esclarecidos ingenios de las letras españolas.

Decimos esto, porque, si no estamos equivocados, el señor Morales ama con amor invencible el corte de la frase de ciertos escritores del siglo XVII; y no como quiera, sino pagando tributo á aquel prurito hiperbatoniano, que, sobre descoyundar la frase, le imprime epilépticas contorciones, y no pocas veces impone á la mente las arduas tareas de la metafísica.

Ello pone de manifiesto, es verdad, estudio asiduo, conocimiento profundo de los clásicos y cierta indudable gerarquía literaria; pero al propio tiempo nos da un estilo que no es por cierto el popular y por consiguiente el aceptable.

El hipérbaton, postizo en nuestro idioma, pero que hemos concluido por aceptar en fuerza del tesón de los que han querido imponernos el yugo exclusivo de la lengua del Lacio; el hipérbaton, decimos, da vigor á la frase, pero pide ser usado con sobriedad como todo en la vida. ¡Quién no admirará, por ejemplo, aquel verso del señor Morales, cuando, al describir lo arduo del paso por donde debía caer Páez con los suyos en el campo de Carabobo, dice con magnífica entonación:

Arduo es el paso que vencer esperas,
Atrevido mortal!—Sí arduo es el paso,
Las que templaste puntas altaneras
En tus eternos soles sin ocaso, etc., etc.

Pero por lo mismo que esta figura invierte el orden natural de las palabras y causa en el ánimo una como sorpresa, necesario es usarla con sobriedad, porque el abuso de élla, sobre fatigante, suele ser empalagoso, como todo lo abusivo y extremado.

¿ Qué cosa habrá tan dulce y tan sabrosa
Que al fin ya no nos sea desabrida,

como dijo Ercilla?

No menos que del hipérbaton gusta en extremo el señor Morales de la hipérbole; y aunque tales defectos, si así nos atrevemos á llamarlos, acusan en el poeta vigor exuberante de imaginación y sobra de fantasía, con todo, bueno será que no se muestre tan pródigo de ambas facultades, y que, lejos de estimular á su pegaso, lo refrene y contenga.

Acaso el recuerdo del país natal nos lleve á hablar de la persona del señor Morales; pero ello es que no podemos silenciar las ejecutorias que avaloran su nombre.

El señor Morales es nieto de aquel MARCANO, que, después de combatir, cantaba las proezas de los lidiadores, mencionando el nombre de todos, excepto el suyo propio.

Al través de los tiempos pero obedeciendo á idéntica inspiración, abuelo y nieto celebran las glorias de la patria y pagan los sacrificios de los héroes, eternizando sus nombres en versos inmortales.

MARCO-ANTONIO SALUZZO

CARABOBO

Con vista á llano extenso, que se otea
De cumbre no eminente en que remata;
Ocupando la altura, que verdea,
Y extensión á esta cúspide inmediata,
De ginetes é infantes gallardea
Un séxtuplo millar. La flor y nata
Es de ibéricas huestes que recorre
Con ojos de relámpago La Torre.

Igual mirada, férvida, el caudillo,
Cuya altivez á su pupila asoma;
Da á su bandera, ufano de su brillo;
Y sobre alfana dócil en que aploma,
La izquierda entre el arzón y el cerviguillo,
Aliento al frente de las filas toma,
Y el silencio interrumpe de las filas,
Un foco hechas no más tantas pupilas.

Del fusil español, que en vuestras manos
Españolas, les dice, armado brilla,
Salva triunfal aguarda, oh! veteranos,
El león coronado de Castilla.
Sí, próxima victoria, castellanos,
Alcanzaremos hoy sobre pandilla,
Numerosa tal vez, pero cobarde,
Rebelde á nuestro Rey, que el cielo guarde.

*En hondo lago que henchirán sus venas,
Esos y su República irrisoria
Anegados serán. Horas serenas
A vuestra suerte esperan meritoria,
Premio de largas, ímprobas faenas.
Soldados! Acreedores de la historia!
Ese nuevo laurel de vencedores,
Hará riquezas pulular y honores.*

—

Calló su voz; y acordes repentinos
De la charanga, y vítores, turbaron
La quietud de los ecos convecinos.
Y de pie los peones esperaron;
Y asestado el cañón á los caminos;
Y al pie de su corcel, del que bajaron,
Empuñada los *Húsares* la rienda,
El hispano adalid marchó á su tienda.

—

Las tropas enemigas que él aguarda,
¿Cuál rumbo tomarán? Agrio sendero
Su experto jefe en escoger no tarda,
Para dar paso contra aquel guerrero,
A seis mil suyos: multitud gallarda,
Que pronto el corazón como el acero,
Ansian trillar la peligrosa senda........
¿Quién es el precursor de la contienda?

—

Aquel podrá vencer esa estrechura
Que tuviere á los cielos en su abono.
Mas ¿quién osa escalar tamaña altura,
Sentar á la República en su trono?
Heroicidad de insólita bravura,
Bien que trivial en tí, yo la pregono,
Oh! tú, cuyo perfil merece el marco
De las figuras que esculpió Plutarco!

En él fiado el paladín supremo,
A él, entre sus otros paladines,
Le muestra el blanco ó primordial extremo
De hercúleo, magno afán. Tras los clarines,
Que sonaron, y el parche, á vela y remo,
Ya en potro alto de pobladas crines,
Vuelto á sus tricolores tafetanes,
Prorrumpe el capitán de capitanes:

—

Propicia es la ocasión, oh! colombianos,
Que el numen justiciero nos presenta,
Para limpiar la Patria de tiranos;
De tres centurias de baldón ó afrenta.
¡Propicia es la ocasión, republicanos!
Nuestro enemigo en sus reales cuenta,
Los más que pudo de su hierro y saña,
Hijos suyos armar la odiosa España.

—

Mas, ¿para qué su número contamos?
Españoles no más son todos ellos;
Y á su frente, por dicha, nos hallamos
Delante de tres siglos de atropellos.
Fuerte es la puerta que á forzar marchamos:
Es la del Orco, y su guardián aquellos;
Pero aún es mayor vuestra pujanza.
Compatriotas! En marcha! A la venganza!

—

Dijo el marcial varón. Aclamaciones
Suceden á sus frases varoniles,
Cual pájaros que aúnan sus canciones,
Al volar de entre mástiles sutiles.
É imán de entusiasmados batallones,
En alto de repente los fusiles,
De *El Infante, Hostalrich, Burgos, Barbastro,*
Parte en demanda el vencedor del *Rastro.*

¡Arduo es el paso que vencer esperas,
Atrevido mortal! Si arduo es el paso,
Las que templaste puntas altaneras,
En tus eternos soles sin ocaso,—
—*La Mata de La Miel* y *Las Queseras,
Mucuritas, Apure,*—á cielo raso,—
Más temple adquirirán. Fragua encendida,
Ciclópea fragua, estotra te convida.

—

¡Al camino fragoso se adelanta
Que seguir se le ordena!....¡Santo cielo!....
Ya en vano le diréis: Esa garganta,
Codicia del valor, y en cuyo suelo,
Vas á imprimir la huella de tu planta,
Son fauces de sepulcro ó tu señuelo,—
Es tarde ya; son sordos sus arranques,
Y él, el mismo impertérrito de *Estanques.*

—

A los rayos del sol relampaguea,
Realce dando á su talante augusto,
Su garzota lustrosa, y purpurea.
De faz ingenua; relevado el busto,
Cual si fuese otro molde su librea,
Cabalga en ágil alazán venusto,
Que al estímulo va del acicate,
Allegándolo al sitio del combate.

—

La senda angosta, el desigual terreno,
Ó aquel más bien aspérrimo barranco,
Rémora pone á su coraje, ó freno.
Con él sus combatientes, móvil blanco
Son de facticia tempestad, que en lleno,
Ya fulmina á su frente, ya á su flanco....
Ya frontera no más; que al fin su lanza,
Es llave del palenque. ¡Oh bienandanza!

El dique rompió ya que detenía
De un aluvión flamígero el corriente.
Al modo que la mar cuando bravía,
Penetra el llano en irrupción la gente,
Del brazo arrebatada que la guía.
Y de vital humor más larga fuente
Corriendo sigue, innúmeras moharras
Rodando con fracaso, y cimitarras.

—

Sumérgese la planta por doquiera,
En charquetal de púrpura no frío;
Remedo de la ignívoma Quimera,
Lanza el cañón su proyectil impío;
La atmósfera encendida reverbera,
Y el humo le disputa su vacío;
Y al traquido de máquina tonante,
Retumba el campo, sin cesar tremante.

—

Y más y más se acorta la distancia
Entre el real ibero y su contrario;
Que si aguijón del uno es la arrogancia,
Es el del otro esfuerzo temerario,
Cobra el bando español preponderancia;
Que á embates rudos de suceso vario,
Regimiento fogoso, que en la brega
Arco toral ha sido, se doblega.

—

¡Y compartiendo el trance está el llanero
A quien voz popular,—su fiel adicto,—
Con dictado apellida lisonjero!....
¡Oh rayo del Yagual! ¡Oh tú el invicto!
Si tu renombre es éste verdadero,
Que lo diga esa pugna en su conflicto.
Se derrumba tu fama, si tu brazo
No logra apuntalarla en breve plazo.

Entendido argonauta, él ve su nave,
Contrastada el timón, el árbol roto;
Crespa la mar. En su semblante grave,
No se trasluce empero si el piloto
Ignora su peligro ó si lo sabe.
¿Ha vístolo por fin menos remoto,
Que tanto corazón, tanta entereza,
Vuelve el rostro con giro de extrañeza?

—

Estrépito á compás acelerado,
A que precede ondoso torbellino
De no impalpable polvo, ha resonado;
Aumenta el estridor; está vecino;
Y próximo igualmente, y redoblado....
¡Qué acento!....¡qué vocablo peregrino!....
Es el *Hurra!* de *Albión*, de Albión gallardo:
El *Hurra* es el bramar de su leopardo.

—

¡En qué punto concurre á la palestra
La britana legión! Robusta amarra
Que del bajel se arroja y se le muestra
A náufrago infeliz, y que él agarra,
Esto fué su arribar: áncora ó diestra,
Olmo lozano de frondosa parra,
De la envidiable lanza cuyo corte,
Prosigue en su brillar de estrella ó norte.

—

Presto es aquel entre los bronces raro,
Que no se niega á retener la carga;
Que en progresión continua su disparo,
Candente su interior, de sí la larga.
Y abierto cada vez claro tras claro,
Más cada vez la tierra se recarga
Con los que el fuego exánimes desploma.
¡Sólo la muerte á los valientes doma!

¡ Sólo la muerte á los valientes rinda!
Clamar se escucha á la legión inglesa.
Y el pie dejando que sostén le brinda,
Restribada en la rótula y espesa,
Cámbiase á luégo en apuntada blinda.
Etna yacente, que su lava presa,
Su homicidio lanzára, se diría,
Más bien que formidable infantería.

—

De egregio campeón seguro amparo,
Y áun alma del ejército patriota;
Del primero, que tiene por su faro,
Ella, la mole humana bien que inmota,
Espera con anhelo su reparo,
Acosada á su vez y casi rota;
Y en vapores de pólvora hace trecho,
Que envuelto aquel estaba... ¿ qué se ha hecho ?

—

¡ En más sangre reciente el pie resbala!
¡ En más cuerpos exangües se tropieza!
¡ Ya la lucha no es lucha sino tala!
O guadaña ó segur de la cabeza,
Cruge en la carne el hierro; que la bala,
No es pábulo bastante á la braveza,
A la rabia de lobo contra lobo,
En riña allí por la mitad del globo.

—

Y al estremecimiento de la tierra,
Fragoroso temblor que se prolonga,
Con el galope de escuadrón que cierra,
¡ Ni un corcel hay acá que se le oponga!
¡ Y el ibero dragón todo lo atierra!
¡ Y áun amaga romper cuanto reponga
El terror de las pampas que en sus bríos,
Grita en voz de estentor: *¡ Aquí los míos!*

El gran clamor del héroe en el oído
De ¡qué centauros bicorpóreos truena!
Solemne vibración ese rugido,
Que los ímpetus bélicos desfrena,
Y es por lenguas sin cuento repetido;
El ámbito atronando de la escena,
La cubre de ginetes á porfía....
¡De asolación después y de agonía!

—

Contrapuestos conjuntos de herraduras,
Abriendo van innumerables huellas;
Van descargando sus pisadas duras,
Un solo golpe á un tiempo todas ellas;
Cual de danza de espadas las figuras,
Herido el aire por sonatas bellas;
Y—máquinas de Marte segadoras,—
Encáranse las fuerzas contendoras.

—

De polvareda undívaga una valla,
Un toldo vela al sol; y á todo estruendo,
Recio fragor á dilatarse estalla,
En reencuentro pronto como horrendo,
Ambas á dos las líneas de batalla;
Y surge, cual de escombros que tremendo
Terremoto hacinó, tras el espanto,
Con su doliente séquito el quebranto.

—

¡Cuánta víctima ¡ay Dios! ante los ojos!
¡Cuánto pecho en que estuvo sin holganza
Heróica intrepidez, yertos despojos!
Salpicada de sangre la esperanza,
De entre la que coléricos enojos
Copia ingente hacinaron de matanza,
Sale mostrando ahora con el dedo,
El estupor con que la mira el miedo.

El va aguijoneando los bridones
Que feroz insular tuvo á su mando;
Que polvo los ha vuelto de escuadrones,
El martillo feliz de *San Fernando;*
Y míseras reliquias de legiones,
Huyen también del que, terrible Orlando,
Al *Guayabal* dió lustre con sus cargas.
¡Ni son éstas, ¡oh nó, menos amargas!

—

Ahora en sólo espaldas hace presa
El furor de sus picas; que á los pechos,
Sirve la fuga de loriga gruesa;
Ó á la espada española van derechos,
Que con vano rigor los atraviesa.
Y, rastros de los prófugos deshechos,
La mordaza del pánico en sus bocas,
Son el fusil, las militares tocas.

—

Y el ritmo con que el són de la trompeta,
Claro, armonioso y penetrante brota;
Y el trémulo rumor de la baqueta,
Que en el tirante témpano rebota,
Cual látigo de furia los inquieta:
Cual látigo de furia, la derrota
Los acentos percibe atronadores,
Que en contorno resuenan: *¡Vencedores!*

—

¡Vencedores! clamó con regocijo,
A la sazón, el sumo genearca
De nuestras huestes. *Vencedores!* dijo,
Viendo brillar el iris desde el arca:
Lábaro viendo su pendón, y fijo;
Y tropeles que pueblan la comarca,
Que avientan á terríficos mandobles,
Cedeño y Plaza con vigor de robles.

En medio de ese mar, en que torpedo
Es cada fresno herrado, vénse á flote,
Vásquez, Bravo, Iribarren.....el denuedo;
Y Carvajal, temible cual su mote; (*)
Y Gómez, y Muñoz, y Figueredo;
Y Silva, y Borras, en conjunto azote,
Con Calderón, Paredes, y con Heras,
De falanges un tiempo verdaderas.

El ardor singular los estimula
Conque el moderno, nacional Bayardo,
Acude ileso donde aún pulula,
Atroz el de la muerte aciago dardo.
Por entre el aire y humo que lo azula,
Con vuelo aquella le persigue tardo,
O le esquiva más bien, ¿por qué prodigio?
Su ablución bautismal ¿fué en el Estigio?

¡Tres veces salve! ¡salve á nuestro Aquiles!
Y éste por ventura, y sus secuaces,
¿Son la pandilla de cobardes viles,
Rebeldes á su Rey ó contumaces?
¿Dónde, do están, oh! turba de reptiles,
¿Dónde, decid, las españolas haces?
Mutilado ese pulpo, sus pedazos
¿Aún alientan? ¿le renacen brazos?

La cuchilla le arranca contorsiones,
Paroxismo letal;—pero, oh! congoja!
Una de sus postreras convulsiones,
De ¡cuál otra esperanza nos despoja!
Otro de los más gayos rosetones
De la patria diadema se deshoja,
¡Al tránsito de Plaza!.....¡cuándo enhiestas,
Hay astas todavía contrapuestas!

(*) Tigre encaramado.

Cuando los cuatro vientos ven á una,
Sendos frentes, trabadas las hileras,
El ceño al sorprender de la fortuna;
Después de las descargas postrimeras.
¡Oh de alcázar que fué, firme coluna!
¡Oh, *Valencey*, honor de tus banderas!
¡Lápida, ¡ay! de qué gloriosa tumba,
Fueron esas tus armas, su balumba!

—

Soberbia pira, sí, de imperatoria
Apoteosis, fué la que en tu centro,
Miróse hervir, bramar, volviendo escoria,
Sable potente que en violento encuentro,
Un instante, con fuerza gladiatoria,
Lográra enderte, y destrozarte dentro:
¡Oh, *Valencey*, ¡oh Cocles colectivo
Del *Bravo de los bravos ó Gradivo!*

—

Y ¡ya el piélago cruento que la cuna
Columpió de Colombia, estaba lleno!
E hinchada ola, hinchada cual ninguna,
En su reventación de sordo trueno,
Ya al puerto la trajera: una tras una,
Lloradas las heridas de su seno;
¡Oh *Valencey*, ¡oh! parto en cuya aljaba,
Tu última flecha ponzoñosa estaba!

—

Su centímano monstruo, la leyenda,
Mirára armado en tí, monstruo castrense
De automático andar. Fuga estupenda,
Me demanda, la tuya, que la inciense.
¡Y la palpan mis ojos! y sin venda,
En nuevas vidas que á tus plantas vénse,
Que tu hecatombe son, ¡se miran fijos!
¡En sangre de Colombia, de sus hijos!

Melián, Mellao, Arraiz, Olivares....
Y ciento y más que consumió la llama
De la guerra voraz en sus altares!
Pero en nido de fénix, por la fama,
Ven trocado ese incendio nuestros lares:
En grupo excelso, olímpico, que aclama
Al etíope audaz de arrojo entero
Y árcade del valor dicho *El Primero.*

—

¡Cuán cerca está del alborozo el llanto!
Se escucha empero al par de parabienes,
De la Patria en el templo sacrosanto,
Por tierra esos atlánticos sostenes.
La gloria amortajólos con su manto,
No bien el triunfo les ciñó las sienes,
Con los mismos laureles que pregonan
A Páez victorioso y lo coronan.

—

¿Es él acaso el Júpiter ó el Juno
Del hombre á quien la gente colombiana
Sobre el pavés ha alzado de consuno?
¿Es el astro en su fuerza meridiana,
Roto el velo de nubes importuno,
Que corriera á su luz borrasca insana?
¿El irradia de suyo? él es ahora,
La libertad de América en su aurora?

—

¡Oh lanza prodigiosa cuyo brillo,
No amengua sombra alguna, no lo empaña!
Larga cadena, anillo por anillo,
Fueron siempre sus hombres de campaña,
De los Boves temida y los Morillo;
Enhiesto en la llanura ó la montaña,
Ese gran pararayo, en que asimismo,
Halló todo otro ejército hondo abismo.

Eso á España, y no más de un mundo queda;
Ya en ese mundo libre de opresores,
De la fortuna en pie sobre la rueda,
El soldado que inspira estos loores,
¿Por qué mi musa al entonarlos, veda,
Alambres recorriendo vibradores,
Veda á mi aliento que los aires rompa,
Suelto al través de virgiliana trompa?

—

Clama por ese fausto el noble oficio
De la mano de aquel tres veces santa.
Mediante el cielo, á su afanar propicio,
Y el raro ingenio que trazó la planta,
El puso cima á insólito edificio,
Cuya mole de gloria nos espanta.
Carabobo ¿es la cúpula, el cimiento?
Carabobo es la fábrica portento.

—

Carabobo!.....Hélo allí! Por dicha nuestra,
Ese el estádio fué donde algún día,
Nuestro caballo heráldico, la muestra
Más alta supo dar de bizarría.
¡Bendita la titánica palestra
Donde miró caduca tiranía.
El último eslabón de la cadena
Que á mi Patria forjó, roto en la arena!

Printed by Libri Plureos GmbH in Hamburg,
Germany